Quando se passa por uma perda,
o corpo sofre o mesmo processo
que num ferimento físico.
Aceite esse processo.
Confie nele.
Entregue-se a ele.

Confie na natureza: ela vai curar você.
Tenha certeza de que a dor vai passar e,
quando passar, você será uma pessoa
mais forte, mais feliz, mais sensível e mais consciente.

CB124831

Este livro é para ser usado,
não apenas lido.

Se você passou por uma perda e
precisa de primeiros-socorros psicológicos,
por favor, vá direto à página 25.

O fato de estar lendo
estas páginas mostra que
você escolheu sobreviver à perda.
Parabéns.
Nós lhe damos as boas-vindas.

Em memória de Peter, com muito amor,
por seus inúmeros talentos, resistência e criatividade,
ajudando profundamente os outros a viver.
Aos meus corajosos e sofridos pacientes,
por me ensinarem a sobreviver, curar e crescer.
Ao deslumbramento e alegria que estão em tudo.

HAROLD

A todo o Bem,
À minha filha Bliss, ao meu genro Joe
e a Nancy, a melhor amiga de minha filha.
Aos que sempre me deram apoio: Peter, Susie, Carolyn,
Carls, G. S. Khalsa, M.D., Frank Greene, M.D.,
Gay e David Williamson e à família Miesel.

MELBA

Para Melba, Joan, Ginny, mamãe
e todos os meus companheiros de sobrevivência.
Obrigado!

PETER

Como SOBREVIVER à perda de um AMOR

Harold H. Bloomfield, M.D.
Peter McWilliams
Melba Colgrove, Ph.D.

2ª Edição

SEXTANTE

Título original: *How to Survive the Loss of a Love*
Copyright © 1976, 1991, 2000 por Harold H. Bloomfield, Melba Colgrove e Peter McWilliams
Poemas © 1967-1991 por Peter McWilliams
Poema na página 59 © por Melba Colgrove
Copyright da tradução © 2005 por Editora Sextante (GMT Editores Ltda.)
Todos os direitos reservados.
Publicado em acordo com a Mary Books/Prelude Press, Allen Park, Michigan, 48101, EUA.

TRADUÇÃO: Ana Quintana
PREPARO DE ORIGINAIS: Regina da Veiga Pereira
REVISÃO: Clara Diament, Maria Helena Huebra e Sérgio Bellinello Soares
CAPA: Miriam Lerner
PROJETO GRÁFICO E DIAGRAMAÇÃO: Marcia Raed
FOTOLITOS: R R Donnelley
IMPRESSÃO E ACABAMENTO: Yangraf Gráfica e Editora Ltda.

CIP-BRASIL. CATALOGAÇÃO-NA-FONTE
SINDICATO NACIONAL DOS EDITORES DE LIVROS, RJ

B616c Bloomfield, Harold H., 1944-
Como sobreviver à perda de um amor
/ Harold H. Bloomfield, Melba Colgrove e Peter McWilliams ;
tradução Ana Quintana. – Rio de Janeiro : Sextante, 2005.

Tradução de: How to survive the loss of a love
ISBN 85-7542-171-9

1. Aflição. 2. Separação (Psicologia). 3. Perda (Psicologia).
I. Colgrove, Melba. II. McWilliams, Peter. III. Título.

05-1235. CDD 152.4
CDU 159.942.5

Todos os direitos reservados, no Brasil, por
Editora Sextante (GMT Editores Ltda.)
Rua Voluntários da Pátria, 45 – Gr. 1.404 – Botafogo
22270-000 – Rio de Janeiro – RJ
Tel.: (21) 2286-9944 – Fax: (21) 2286-9244
E-mail: atendimento@esextante.com.br
www.sextante.com.br

Sumário

Curando 55

Crescendo 103

Tudo tem seu tempo

e há tempo para tudo sob o céu.

Há tempo de nascer e tempo de morrer.

Há tempo de plantar e tempo de colher o que se plantou.

Há tempo de matar e tempo de curar.

Há tempo de destruir e tempo de construir.

Há tempo de chorar e tempo de rir.

Há tempo de lastimar e tempo de dançar.

Há tempo de espalhar pedras e tempo de juntá-las.

Há tempo de dar abraços e tempo de conter-se.

Há tempo de adquirir e tempo de perder.

Há tempo de guardar e tempo de lançar fora.

Há tempo de rasgar e tempo de costurar.

Há tempo de calar e tempo de falar.

Há tempo de amar e tempo de odiar.

Há tempo de guerra e tempo de paz.

BÍBLIA

LIVRO DO ECLESIASTES 3: 1-8

Compreendendo a perda

Eu achei.
Eu perdi.

Se você passa por uma perda e precisa de ajuda psicológica urgente, por favor, vá direto à página 25.
Quando puder, volte e leia as páginas introdutórias.

Vamos primeiro avaliar a perda numa perspectiva mais ampla. Na natureza, a perda é elemento essencial da criação: quando a rosa se abre, perde-se o botão; quando a planta germina, perde-se a semente; quando o dia começa, perde-se a noite. Em tudo, a perda dá lugar a uma nova criação (ou, mais exatamente, a uma recriação).

O mesmo ocorre na vida humana. É difícil pensar em algum ganho na vida que não traga junto uma perda.

Estando isso bem claro, podemos examinar as diversas perdas na vida.

Perdas óbvias

- morte de uma pessoa querida
- fim de um relacionamento afetivo
- separação
- divórcio
- perda do emprego
- perda financeira
- ser roubado
- sofrer algum tipo de violência física (inclusive estupro)

Perdas não tão óbvias

- mudar de endereço
- doença (perda da saúde)
- mudar de professores, mudar de escola
- sucesso (perda da luta)
- perda de um ideal acalentado
- perda de uma antiga meta

Perdas relacionadas com a idade

– sonhos da infância
– amor inocente
– romances adolescentes
– deixar a escola (por parar de estudar ou por receber o diploma)
– sair de casa
– perda da juventude
– perda da beleza
– perda dos cabelos e/ou dos dentes
– perda do impulso sexual (ou pior, continuar com o impulso mas não ter mais a capacidade de realizá-lo)
– menopausa
– aposentadoria

Perdas indefinidas

(Ou seja: são um ganho ou uma perda?)
– esperar o resultado de exames médicos
– um casal à beira do divórcio pela décima vez
– um amigo, cônjuge ou parente "morto em ação" numa guerra
– namorados, depois de uma briga qualquer
– um negócio que pode ou não se concretizar
– um processo judicial
– colocar a casa à venda

Em geral, as perdas indefinidas dão essa sensação:

Já tive muitos problemas na vida
por inúmeras razões,
em geral por causa dos outros.

E na maioria das vezes,
sorte minha,
a vida me deu um safanão
e fiquei meio desligado do
sofrimento e da dor.
Assim, sobrevivi.
E pude voltar a amar.

Mas agora, esse chão sumindo
aos poucos sob meus pés
– ou esse grande vazio interior –
é a vida acabando dentro de mim,
pois continuamos vivendo
– mas não de fato.
E ficamos fora da vida
– mas não completamente.

Fico muito bem sozinho,
fico melhor acompanhado,
mas fico mal de fato
quando estou meio-junto.

Se estou só, estou bem.
Mas quando amo fico melhor.
Na dúvida, apenas transfiro
o sofrimento para o papel
em imensas Paixões
com milagres e mártires,
crucificações e ressurreições.

Venha para ficar,
ou então não venha.

Esses poemas da Paixão
estão se tornando
uma cruz difícil de carregar.

A sensação de estar num "limbo" emocional já é em si uma perda. Mesmo que a situação termine bem (o namorado telefona e mais uma vez declara amor eterno, etc.), enquanto se está na dúvida a sensação é de perda e como tal deve ser tratada.

- Entenda que "não saber o que fazer" pode ser a pior de todas as torturas.
- Quando estiver no limbo – e sua intuição disser que há pouca esperança –, é melhor terminar com a situação do que continuar nela indefinidamente.
- Telefone ou escreva deixando claro que terminou e vá cuidar de sobreviver, curar-se e crescer.

Desistir de você.

Deus do céu!
Um sino de liberdade
ecoa dentro de mim.

Não preciso mais
esperar por cartas,
telefonemas, cartões
e e-mails que
jamais chegam.

Não gasto mais
energia criativa com cartas
que nunca mandei.

E, daqui a algum tempo,
não vou mais ter insônia,
não vou entrar em histeria.

Vou ser um pouco
mais feliz,
vou viver mais e melhor.

Bastou só desistir de você.

E isso já foi uma grande coisa.

Perdas inevitáveis

Há perdas das quais não se pode fugir – perdas em que a morte ou a separação é iminente. Será ótimo se você perceber isso antes que ocorra para:

- Discutir a situação com a pessoa que está indo embora.
- Se é você quem está indo embora, conversar com os que ficam.
- Participar das decisões que devem ser tomadas.
- Deixar bem clara a sua vontade.

Outras perdas

Mesmo sabendo que o final será feliz, as perdas temporárias não deixam de ser perdas (o namorado viajou; o cônjuge está trabalhando fora da cidade; o filho ou a filha estudam numa escola distante; houve uma queda nos negócios).

Até o sucesso traz certas perdas – a perda de uma meta pela qual lutar e as mudanças que certamente o sucesso traz.

Existem também inúmeras "pequenas perdas" que tendem a se somar e são sentidas depois de dias, semanas, meses ou anos. Um arranhão no carro, uma discussão com um amigo, o desaparecimento de um objeto de estimação e de repente a pessoa se sente "inexplicavelmente" deprimida.

Cada uma dessas perdas – imediatas ou cumulativas, repentinas ou eventuais, óbvias ou não – cria uma ferida emocional, uma agressão ao organismo.

Como a dor é sentida

Além do óbvio sentimento de dor, depressão e tristeza, há outras reações à perda, como:

- Sensação de desamparo, medo, vazio, desespero, pessimismo, irritação, raiva, culpa, impaciência.
- Perda de concentração, esperança, motivação, energia.
- Alterações no apetite, no sono ou no desejo sexual.
- Tendência a sentir mais cansaço, a cometer mais erros e a falar ou mover-se mais devagar.

Qualquer uma ou todas essas reações são esperadas durante ou após uma perda. Fazem parte do processo natural do corpo para se curar. Aceite essas reações, não lute contra elas.

Se você não teve uma perda óbvia, mas sente grande parte dessas reações, examine seu passado recente para ver se sofreu uma perda não tão óbvia – ou várias. Às vezes uma pequena perda desperta a lembrança de uma perda maior que não foi conscientizada na época.

Você vai se beneficiar ao seguir algumas sugestões dadas neste livro. Pode ter certeza: embora não pareça, sua mente e seu corpo já estão envolvidos no processo de cura.

Estágios de recuperação

- A recuperação de uma perda ocorre em três estágios distintos que às vezes se sobrepõem. São eles:

– choque / negação / atordoamento
– medo / raiva / depressão
– compreensão / aceitação / mudança.

- Cada estágio de recuperação é:

– necessário
– natural
– parte do processo de cura.

O medo de chegar
em casa um dia
e ver que você
tinha ido embora
se transformou
na dor da realidade.

"O que eu faço, se isso acontecer?",
eu me perguntava.

E o que faço agora
que aconteceu?

O primeiro estágio de recuperação é de choque / negação / atordoamento:

- Não conseguimos acreditar ou aceitar que tal coisa tenha acontecido conosco.
- A razão nega a perda.
- Em geral, as primeiras palavras após tomar conhecimento de uma perda são: "O quê?" ou "Ah, não".
- A tendência é esquecer que houve uma perda e ficar pasmos toda vez que lembramos. (Ocorre com mais freqüência ao despertar.)
- Isso acontece porque a proteção natural do corpo contra a dor intensa – o choque e o atordoamento – está ativada.

Manhã.
Acordamos e nos aconchegamos.
Tarde.
Você telefona, precisa sair da cidade.
Noite.
Aeroporto, um adeus brutal.
Madrugada.
Meu Deus, meu Deus, meu Deus.
Manhã de luto.

A segunda fase da recuperação é de medo / raiva / depressão.

- Medo, raiva e depressão são emoções e reações comumente ligadas à perda.

Sei que tínhamos de nos separar,
mas logo hoje?
Sabia que ia sofrer muito,
mas nunca pensei que fosse tanto.

O que faço agora, depois que você se foi?

Bom, quando nada mais acontece,
o que é muito comum,
sento num canto e choro
até me anestesiar de dor.

Meu ser paralisado, inerte por um tempo,
nada se mexe
por dentro ou por fora.

Depois, penso
na falta que sinto de você.
Depois, sinto
medo
dor
raiva
solidão
desolação.

Depois,
eu choro
até a dor me anestesiar.

E, finalmente, vem a fase de compreender / aceitar / mudar.

- Sobrevivemos.
- Nosso corpo está a caminho da cura.
- Nossa mente vê que é possível viver sem aquilo que foi perdido.
- Passamos a um novo capítulo de nossa vida.

O sol vai nascer
daqui a pouco.
Vem sendo assim
– pontualmente –
desde sempre.

Talvez eu deva colar
minhas esperanças
em certezas importantes,
mas muitas vezes despercebidas,
como essa do nascer do sol,

e não em coisas relativamente triviais,
como se você um dia vai me amar
ou não.

Preciso conquistar
minha solidão.

Preciso ficar feliz comigo
ou não terei nada para oferecer.

Duas metades não têm outra escolha
senão se juntar e assim formar um inteiro.

Mas quando dois inteiros
escolhem se completar...
isso é lindo.
Isso é o amor.

Em toda e qualquer perda, passamos pelas três fases de recuperação.

- Quando alguém ou alguma coisa que amamos é afastada de nós ou nos rejeita, não tem jeito – é uma perda, seja qual for a causa.
- Entre duas perdas, o que faz diferença na recuperação é a *intensidade* do sentimento e a *duração* do processo de cura.
- Quanto maior a perda:

– mais intenso será o sentimento em cada fase de recuperação
– maior a demora para ir de uma fase para a seguinte

- Em pequenas perdas, as três fases de recuperação podem ser percorridas em minutos. Em grandes perdas, podem levar anos.
- O corpo, a mente e as emoções têm enorme sabedoria. Sabem como se curar e sabem qual será o tempo necessário.
- Dê ao corpo, à mente e às emoções o que precisam para a cura.
- Confie no processo de recuperação.

Sobrevivendo

Quinta-feira:
sufocado de amor.
Sexta-feira:
sufocado de dúvidas.
Sábado:
sufocado.
Domingo:
Puxa, não consigo nem sair da cama.
Por favor, me ligue.

1

Você vai sobreviver

- Você vai melhorar.
- Pode ter certeza disso.
- O processo de cura tem começo, meio e fim.
- Quando começar, pense que existe um fim. Não está muito longe. Você vai se curar.
- A natureza está do seu lado, é uma aliada poderosa.
- Repita para si mesmo, sempre: “Estou vivo, eu vou sobreviver.”
- Você está vivo.
- Você vai sobreviver.

Dormi, sonhei
que você telefonou
e disse que estava voltando
para o seu antigo amor.
Você disse que achou
que um telefonema
seria a forma mais honesta
de me comunicar isso.
“Isso”, no caso, era o fato
de que nunca mais iríamos nos ver e
que eu devia entender o motivo.
Tentei acordar, e então
percebi que não estava dormindo.
Minha vida se tornou
um pesadelo.

2

Se precisar, procure ajuda logo

- Se acha que precisa de ajuda, não hesite. Procure agora.
- Se pensa em suicídio (mesmo que seja um pensamento longínquo), ligue já para um amigo de confiança ou para o seu médico.
- Se não souber quem procurar, disque para a telefonista de auxílio e peça o número do Centro de Valorização da Vida. Quase toda cidade tem um. Você vai ver como a telefonista atenderá com gentileza. (Nossas reflexões sobre suicídio estão na página 52.)
- Você precisa de ajuda imediata se:

– sente que está "aos pedaços"
– não controla seus atos
– está prestes a fazer algo de que pode depois se arrepender
– tem ou teve distúrbios psicológicos
– nessas ocasiões você costuma se consolar com álcool, drogas ou outras substâncias que podem causar vício
– se sente só, sem ter a quem recorrer
– está sempre sofrendo perdas

- Não é hora de ser "corajoso". Na verdade, é preciso um bocado de coragem para buscar ajuda.

Em você
encontrei
um abrigo.

Sua ausência
me deixou
como vítima
de uma enorme
catástrofe.

Chamei a
Cruz Vermelha,
mas eles se recusaram a
mandar uma ambulância.

3

Admita a perda

- Você pode não acreditar, pode mesmo duvidar que isso tenha lhe acontecido.
- Mas aconteceu. É verdade.
- Reconheça que houve uma perda.
- Você pode achar que não tem forças para suportar essa perda.
- Mas você tem forças.
- Há muita vida em você.
- Você vai sobreviver.

Não há nada
a fazer.
Apenas aceitar
e sofrer.

4

Você não está só

- A perda faz parte da vida, faz parte da condição humana.
- Todo mundo passa por perdas.
- Sua tarefa será passar da perda para o ganho da maneira mais rápida, suave e corajosa possível.
- De certa forma, compartilhar um sofrimento diminui a dor.
- Você tem companheiros de perda – quase seis bilhões de pessoas só neste planeta.

Nosso caso de amor fez
uma aterrissagem forçada,
e estou preso aos destroços.
Santos Dumont se orgulharia
de nosso vôo, mas acontece que
vivemos numa época de descidas na Lua
e de naves espaciais.
Foi um vôo muito baixo
e sofridamente curto.
Os finais tornam lastimáveis
as circunstâncias dos começos.

5

É natural sentir tudo isso

- É natural ficar atordoado. Espere passar um tempo em estado de choque. Esse atordoamento emocional pode ser assustador, mas tenha calma.
- É natural sentir medo. "Vou conseguir?", "Será que vou amar de novo?", "Será que vou gostar das coisas outra vez?" são medos comuns, depois de uma perda. É natural *senti*-los, mas faça o possível para não *acreditar* neles.
- É também natural não sentir nada, como se estivesse anestesiado. Haverá momentos em que você não terá nenhum tipo de sentimento. Tudo bem, não se aflija.
- É natural sentir tudo. Você pode ficar arrasado, zangado, fracassado, exaurido, confuso, perdido, massacrado, indeciso, aliviado, esmagado, inferiorizado, melancólico, bobo, desanimado, com raiva de si mesmo, com inveja, com vontade de se matar (tudo bem com a vontade, desde que não se transforme em ação), desgostoso, feliz, indignado, com ódio ou qualquer outro sentimento.
- *Todos* os sentimentos fazem parte do processo de cura.
- Aceite os sentimentos, não lute contra eles. Deixe-se curar.

Primavera:
as folhas crescem,
o amor brota.
Verão:
o amor morre.
Eu me afasto,
com lágrimas nos olhos.
Besouros se suicidam no pára-brisa do carro.
Outono:
as folhas caem.
Eu caio.
Inverno:
eu morro.
Eu me afasto,
com os olhos vazios.
Flocos de neve se suicidam no pára-brisa do carro.

6

Sinta a dor

- Se você está sofrendo, admita.
- Sofrer após uma perda é:

– normal
– natural
– prova de que você está vivo
– sinal de que você é capaz de reagir às experiências da vida

- Embora possa estar assustado, fique com a sua dor. Sinta-a. Mergulhe nela. Você verá que ela tem fundo.
- Ficar com a dor é parte importante do processo de cura, por isso sinta a desolação, sinta o sofrimento.
- Não negue a dor, não a esconda nem fuja dela. Fique com ela. Sofra por um tempo.
- Não encare a dor como sofrimento, mas como cura.

Você chegou
e transformou
minha casa
em nosso lar.
Você foi embora
e nosso casa
virou meu asilo.

7

Você é uma ótima pessoa!

- Você é uma pessoa boa, íntegra, de valor.
- Você é legal. Mais que legal, você é uma pessoa excelente.
- Sua auto-estima pode ter sofrido um baque. Seus pensamentos podem refletir certa culpa, preocupação, condenação ou auto-depreciação. Esses pensamentos são apenas sintomas do estresse pelo qual você passou.
- Não vale a pena dar atenção aos pensamentos negativos.
- Não se castigue dizendo "se eu tivesse feito" ou "se eu não tivesse feito" ("Se eu não tivesse feito isso ou aquilo, não estaria assim"). Ignore qualquer frase ou pensamento que comece com "se eu...".
- Você é muito mais do que a dor que está sofrendo. Lembre-se disso.
- Debaixo do sofrimento, você:

– está bem
– está inteiro
– é uma pessoa linda só por ser quem é.

Sou Alegria,
sou tudo.
Posso fazer qualquer coisa, menos duas:
1. esquecer que o amo
2. esquecer que você deixou de me amar.

8

Dê tempo para a cura

- O processo de cura leva tempo.
- Quanto maior a perda, mais tempo para curar.
- Numa época em que há comidas de preparo instantâneo e quase tudo pode ser substituído automaticamente, é difícil aceitar que uma coisa demore a acontecer.
- Mas você precisa de tempo para se curar. Conceda-se o luxo de ter esse tempo.
- Você merece.

O sofrimento não é uma carga tão pesada
no verão.
Caminhadas por lugares lindos
evitam muita destruição.
Mesmo que ninguém me aqueça,
o sol vai me esquentar.
Mas o outono acabou,
veio o inverno e eu
estou sem calor por dentro
para enfrentar o frio de fora.
Acho que vou sentar
na calçada e congelar.

9

O amanhã chegará

- A vida tem muitas experiências positivas.
- O bem está a caminho.
- Pode ter certeza: o amanhã chegará.

Primeiro, tenho de parar
de te amar.
Depois, tenho de lembrar:
não posso cair antes de ver
com clareza
a evidência das suas mentiras
e o apelo do futuro.

10

O processo de cura tem avanços e recuos

- O processo de cura e crescimento não se dá em linha reta, como muita gente pensa.

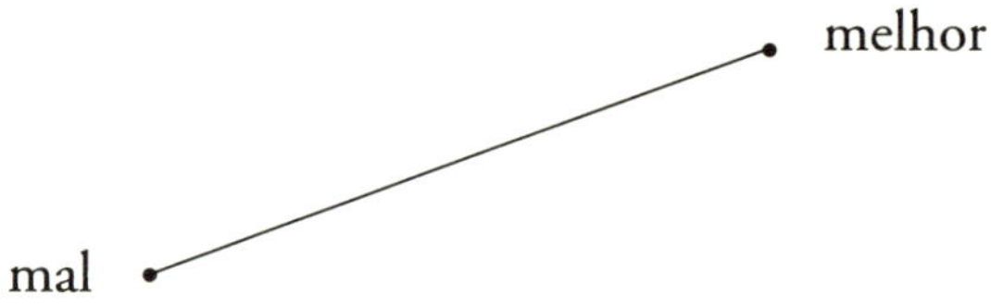

- O processo parece mais com a trajetória de um raio, cheia de altos e baixos, avanços e recuos, grandes saltos e quedas profundas.

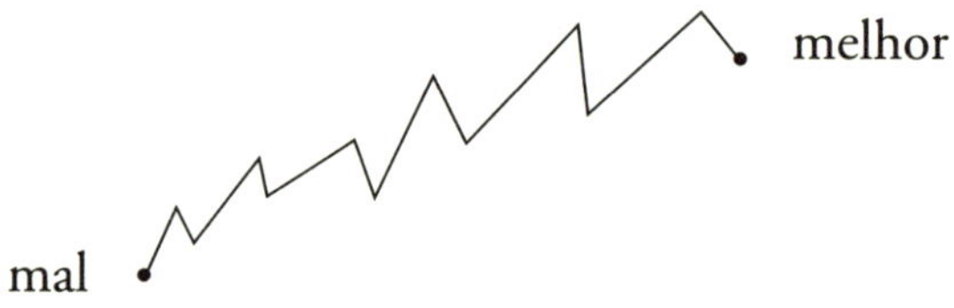

- Tome consciência disso e saiba que, se estiver "melhor" ou "pior" do que ontem (ou do que há cinco minutos), o processo de cura está se realizando.

A vida está ficando
menos digna de ser vivida.
Cada pessoa que eu encontro
me faz pensar:
será que o destino escolheu o dia de hoje,
ou será que eu
hoje escolhi o destino
para me fazer atravessar o dia?
O amor é a força mais criativa
do universo.
A lembrança do amor perdido,
a mais destrutiva.

Mesmo assim a cura se processa.

11

Respire!

- Inspire fundo, levando o ar até o baixo-ventre.
- Respirar cura.
- Respirar é vida.
- Expire totalmente. Inspire outra vez, lenta e profundamente.
- Use a respiração para esticar o ventre, o estômago e o peito.
- Ponha a mão no coração, no estômago ou em qualquer outra parte do corpo que pareça estar mal. Leve o ar até esse lugar. Diga para si mesmo:

– "Fique em paz. Fique calmo."
– "Estou vivo. Vou sobreviver."

Esta saudade
pode abreviar
minha vida.

12

Descanse bastante – já

- Descanse.
- Durma mais tempo.
- Peça ajuda para realizar tarefas.
- Organize sua vida de forma a descansar muito. Marque horas de descanso na agenda. Obrigue-se a ir para a cama mais cedo e ficar nela até um pouco mais tarde.
- Trate-se com a maior gentileza. Não tenha pressa. Seu corpo precisa repor as energias.
- Medite.
- Faça suas emoções repousarem. Passe um tempo sem se envolver intensamente com coisa alguma.
- O trabalho produtivo ajuda a acalmar as emoções. Faça o máximo de trabalho produtivo que lhe der prazer.
- O repouso é a base da saúde.

(Esta página
não tem poeminha,
pois seguindo esses conselhos
o poeta resolveu tirar
uma soneca.)

13

Siga sua agenda

- Bom, agora chega de descanso. Ao trabalho!
- Alternar descanso e atividade ajuda na cura.
- Descanse o quanto precisar, mas evite a apatia. Mantenha-se em atividade.
- Enquanto seu mundo interno estiver caótico, adote um ritmo diferente (mais ameno) no mundo externo. Isso dá uma sensação de ordem – algo que também vale a pena manter.

Meu relógio biológico
não faz de mim
uma pessoa do dia,
mas não agüento mais
uma noite assim.
Portanto,
amanhã vou
acordar cedo
e agitar, agitar, agitar
o dia inteiro.
Exausto, então,
dormirei cedo,
cansado demais
até para ter pesadelos.

14

Tome pouquíssimas decisões

- Seu raciocínio vai estar confuso.
- Tome pouquíssimas decisões.
- Se possível, adie decisões importantes.
- Peça para amigos, familiares e colegas de trabalho resolverem pequenos problemas por você.
- Delegue, relegue, descanse.
- Você já passou por muitas mudanças – por isso está sofrendo. Faça então pouquíssimas mudanças.

Planos:
No mês que vem:
encontrar algo novo.
Este mês:
esquecer você.
Esta semana:
trazer você de volta.
Hoje:
sobreviver.

15

Não tem problema cometer erros "bobos"

- Você pode esquecer as chaves, colocar a carteira no bolso errado, deixar cair um copo ou não se lembrar do nome de alguém – várias vezes.
- Depois de uma perda, é comum as pessoas ficarem distraídas, esquecidas ou desajeitadas.
- Quantas vezes você já entrou num quarto para pegar alguma coisa e se esqueceu do que ia pegar? Pois após uma perda esse comportamento é mais acentuado e mais freqüente.
- Tudo isso é natural. Tenha paciência com você mesmo. Você está se curando. Ache graça das suas distrações em vez de irritar-se.

16

Não tem problema mover-se em câmara lenta

- Você pode realizar suas tarefas como se estivesse mergulhado em gelatina morna.
- Pode ter a impressão de que seus braços e pernas estão pesados. Talvez você se curve para suportar o peso do corpo. Pode ser difícil até manter a cabeça firme.
- Você pode ficar com a voz pastosa ou a fala lenta.
- Pode sentir como se estivesse em transe.
- Talvez você se assuste com tudo isso.
- Mas saiba que faz parte do processo de cura. O corpo se movimenta mais lentamente por fora para economizar a energia necessária à cura interna.
- Não se force. Relaxe. Vá devagar por um tempo.

Lembro que um dia pensei
que seria bom
você sumir
porque aí eu teria tempo
para fazer umas coisas
que vivia adiando,
coisas importantes.
Mas desde que
você foi embora,
não fiz absolutamente
nada. Nada que fosse
tão importante quanto você.

17

Não tem problema precisar de colo

- Não tem problema deixar-se cuidar durante algum tempo.
- Aceite a compreensão e o apoio de:

– amigos
– parentes
– colegas de trabalho

- Uma ferida emocional é dolorosa e nos enfraquece. Não hesite em pedir colo.
- Algumas pessoas têm tanta capacidade de consolar que fazem disso uma profissão. Sinta-se à vontade para procurar ajuda de um profissional que lhe inspire confiança. Faça isso por você.
- Tenha coragem de aceitar a ajuda dos outros.

Meus amigos continuam ao meu lado:
eu os negligenciei
e os rejeitei
na época em que meus momentos mais preciosos
eram para você.
Mas eles continuam ao meu lado.
Que Deus os abençoe.

18

Busque apoio nos outros

- Talvez você tenha medo de fazer isso, mas peça ajuda aos outros. É uma atitude humana e corajosa.
- Forme uma rede de apoio com seus amigos, parentes e colegas de trabalho. Nos momentos de sofrimento você precisa saber que os outros se preocupam com você. Se lhes falar da sua dor, eles vão ajudar.
- O telefone é uma ótima ferramenta de apoio. Use-o.
- Convide um amigo ou uma amiga para passar a noite em sua casa.
- Visite um parente (de preferência alguém que seja agradável e solidário).
- Os vizinhos podem ser uma excelente ajuda.
- Pessoas estranhas são amigos que você ainda não conheceu.

Me ajude, amigo.
Me dê uma sacudida.
Me ponha no colo.
Você me conforta.
Deixe eu me encostar em você
até conseguir
ficar de pé sozinho.
Então, vou parecer
um pouco mais alto
e você vai se orgulhar
de ter um amigo como eu.

19

Tocar e abraçar

- Nunca subestime o poder curativo do toque.
- Se alguém perguntar "Como posso ajudar?", talvez baste você dizer "Segure minha mão" ou "Me dê um abraço".
- Receba três abraços por dia para sobreviver, cinco de manutenção e oito (ou mais!) de superação.
- Quando não houver ninguém por perto para lhe abraçar, abrace-se. Isso mesmo. É gostoso.
- Essa é uma boa hora para receber uma massagem estimulante. Ou relaxante.
- O toque mais curativo pode ser um carinho em si mesmo. Se algum lugar dói, toque nele e diga "Estou aqui, eu te amo".

Um bom
abraço vale mais
do que mil
palavras.

20

Procure pessoas que tenham passado por uma perda parecida

- O apoio de outros que *sabem* como você está se sentindo pode ser muito precioso.
- Seus amigos certamente conhecem alguém que tenha passado por uma perda semelhante.
- Ou talvez existam grupos de pessoas que sofreram perdas específicas. Procure descobri-los.
- Ler sobre experiências de outras pessoas que passaram pelas mesmas perdas também pode ajudar. Consulte seu livreiro ou peça uma indicação a seus amigos.
- Pessoas que sobreviveram bem a perdas semelhantes podem dar apoio e orientação – além de provarem que você também vai sobreviver.

Tudo o que havia de bom
em minha vida
acabou.
Primeiro você,
e junto com você a alegria,
o amor, a liberdade.
Depois
as cores,
a música, as árvores.
Até a criatividade,
sempre a última a sumir,
agora mal aparece.

21

Procure ajuda de pessoas sábias

- A sabedoria tem três componentes: amor, firmeza e conhecimento. Procure essas qualidades nas pessoas que podem lhe dar orientação.
- Pessoas sábias ajudam você a cumprir suas tarefas diárias. Talvez você precise de alguém para lhe "orientar".
- Você pode encontrar essas pessoas no grupo religioso que freqüenta, no trabalho, na família ou em terapias de apoio.
- Mas cuidado com conselhos bem-intencionados cheios de:

– "você devia..."
– "é melhor você..."
– "está na hora de você..."

Essas afirmações, em vez de lhe dar apoio, apenas aumentam a culpa e a sensação de desajuste.

Desculpe.
No momento estou sofrendo
de um mal muito grave:
paralisia causada
por paixão avassaladora
vulgarmente conhecida como
amor.
Qualquer apoio que você
possa me dar
será muito bem-vindo,
embora minha capacidade de receber
esteja temporariamente
prejudicada.
Assim mesmo, agradeço.

22

Cerque-se de coisas vivas

- Não se isole da vida.
- Além dos familiares e amigos, coloque outros seres vivos à sua volta:

– um vaso de planta
– um gatinho
– o cachorrinho que você sempre quis ter
– um aquário com peixes vermelhos
– até uma tigela de frutas frescas é capaz de oferecer alegria e ânimo. (Depois, saboreie as frutas.)

Quase tive um
esgotamento nervoso,
mas já passei por isso
tantas vezes
que não vou cair nessa.

23

Insista no que você acredita

- Reafirme suas crenças, ou retome aquelas que lhe foram úteis no passado.
- Podem ser crenças religiosas, espirituais, psicológicas ou filosóficas que você ache atraentes ou que tenham valor para você.
- Use qualquer tipo de conhecimento que lhe dê conforto, inspiração e ânimo – reexamine esse conhecimento, dedique-se a ele, receba ajuda dele, usufrua dele.

Sentir falta do seu amor
tendo o amor de Deus tão próximo
quase parece um sacrilégio.
Mas eu acho que
Deus compreende.

24

O domingo é o pior dia da semana

- Pode ter certeza, é mesmo.
- Nessa lista de piores, os feriados ficam em segundo lugar.
- Os sábados à noite também não têm muita graça.
- O sentimento causado pela separação pode parecer mais intenso durante três dias, três semanas, três meses, seis meses e mesmo um ano após a perda.
- Marque atividades que lhe dêem um prazer especial para esses dias.

Ontem foi domingo
e domingos são sempre ruins.
Sobretudo no começo da noite.
Quarta será noite de lua cheia.
E luas cheias podem ser ruins.
Pergunte a quem está só.
Sexta-feira é da Paixão,
e a 15 quilômetros de Roma
as vibrações de todas aquelas pessoas
enlutadas vão fazer
com que o dia seja ruim.
Domingo será de Páscoa,
mas será um domingo,
e domingos são sempre ruins.

25

A questão do suicídio

- Você pode pensar em suicídio. Talvez a idéia não seja muito convicta, mas existe.
- Saiba que esse é um sintoma natural da dor e que não é preciso combater a idéia.
- Se perceber que ela está fugindo ao seu controle, procure ajuda profissional imediatamente. Ligue para a telefonista de auxílio e peça o número do Centro de Valorização da Vida de sua cidade. Telefone. As pessoas (quase todas voluntárias) estão lá para ajudar. Elas *querem* ajudar. Dê-lhes um presente permitindo que o ajudem.
- Não direcione a raiva que você sente para si mesmo (embora seja muito natural ficar com raiva, pois você sofreu um rude golpe). Procure uma forma saudável de liberar essa energia: dê socos num travesseiro, chore, grite, berre, pule.
- O suicídio é, acima de tudo, uma bobagem. É como desligar a tevê logo nos primeiros minutos da decisão do campeonato só porque seu jogador preferido não foi convocado. Ou como sair do teatro assim que começa o concerto só porque o maestro deixou cair a batuta. Na peça chamada Vida você não tem um *pouquinho* de curiosidade pelo que pode acontecer daqui a pouco?
- Essa idéia de suicídio *vai passar.* Pode ter certeza. Você *vai* melhorar. Melhorar *muito.*
- Nós prometemos que sua vida será um jardim de rosas. Só não podemos prometer que as rosas não tenham também espinhos.

SUICÍDIO?
Deixe que seja
uma pergunta.
Porque resposta
não é.

Curando

Esqueci de uma coisa:
depois da
dor da separação,
vem a alegria
da cura;
redescobrir a vida,
os amigos,
redescobrir-se.
Alegria.

26

A dor de antigas perdas pode voltar

- Você pode ter perdas antigas que não foram resolvidas: velhas rejeições, desapontamentos, feridas emocionais, além de fatos ocorridos na infância – que é uma fonte de perdas.
- Uma perda atual pode fazer voltar uma perda antiga que não foi curada.
- Você pode achar que está reagindo "irracionalmente" à perda do momento. Mas, na verdade, pode também estar curando uma perda do passado.
- Conceda-se o direito de curar tudo.
- Deixe que as coisas se curem.

Fiz um balanço
de mim.
Resolvi deixar
assim mesmo.

27

Fique triste agora

- Não adie, não negue, não esconda, não fuja da sua dor. Sinta-a. Agora.
- Tudo o mais pode esperar. Uma ferida emocional exige o mesmo tratamento de urgência de uma ferida física. Reserve um tempo para viver seu luto.
- Quanto mais cedo você olhar a dor de frente, mais rápido ela vai passar. A única forma de sair de um lugar é passando por ele.
- Quando você resiste à dor, interfere nos estágios naturais de recuperação de seu corpo.
- Se você adia o processo de cura, a dor pode voltar meses – ou até anos – depois.
- Sinta o medo, a dor, a desolação, a raiva. Todos esses sentimentos são essenciais no processo de cura.
- Você está vivo. Você vai sobreviver.

A dor é silenciosa.
Em total repouso.
Um horror enorme, superlativo.
Uma voz rouca,
exigente,
incompreensível,
destruindo tudo o que jamais amamos.
Desesperança,
desamparo,
medo e incompreensão
cessam um instante e
voltam por anos a fio... para destruir.
Para devastar,
para amaldiçoar tudo o que é bom,
toda a alegria e confiança.
Para ameaçar tudo
o que é verdadeiramente belo.
A dor?
É silenciosa.

MELBA COLGROVE

28

Seja gentil consigo mesmo

- Seja muito gentil consigo mesmo – trate-se com carinho, compreensão, paciência.
- Reconheça que você está com uma ferida emocional que enfraquece seu ser e que vai levar algum tempo para a sua completa cura.
- Trate-se com o mesmo cuidado e carinho com que trataria um amigo querido que estivesse numa situação parecida.
- Não assuma novas responsabilidades. Se for possível, comunique a seus colegas de trabalho e a seu patrão que sofreu uma perda e está se recuperando.
- Evite situações em que possa se estressar, ser desafiado ou indignar-se.
- Aceite ajuda e apoio quando forem oferecidos, mas lembre-se de que cuidado e carinho começam em casa – de você para você.
- E, pelo amor de Deus (e de você mesmo), não se culpe por algum "erro" seu (real ou imaginário) que teria causado a perda.
- Você é uma pessoa ótima!

Perder você como amante
foi sofrido.
Perder você como amigo
também foi sofrido.
Mas eu perdi você.
Os muros são tãããão altos,
e aquele sabre afiado
que empunhei ao atacar
sua cidadela não serve
nem para cortar meus pulsos.
Não é que não me importe.
É que não quero
mais me importar.

29

Cure-se, mas no seu ritmo

- Embora os outros possam exigir, não queira "entender" logo por que a perda ocorreu, ou "aceitá-la" rápido demais.
- As pessoas talvez digam para você "passar por cima disso", "deixar para lá", "ir em frente, sacudindo a poeira".
- Se você sucumbir à pressão e negar a perda com esse tipo de frase:

– "A vida é assim mesmo"
– "Tudo bem"
– "Não é tão grave"
– "E daí?"

sua falsa "aceitação" vai atrapalhar a cura.

- A cura é um processo. Você tem *todo* o direito de passar por esse processo do seu jeito, para ir compreendendo e superando seu ritmo.
- Quando os amigos exigirem uma melhora rápida, diga: "Tenham calma. Deus (ou a natureza) ainda não acabou de me curar."
- Recomendo paciência com os amigos impacientes.

Há uma estação do ano
que se chama outono,
quando tudo o que
a natureza construiu
durante um verão inteiro
cai no chão, folhas mortas.
Como o nosso amor.

30

Não tente reatar a antiga relação

- Tentativas de reconciliação são:
– dolorosas
– anticura
– não-construtivas
– desperdício de energia valiosa
– burras
– irresistíveis
- Resista. Desistir dessa última esperança pode ser o desafio mais difícil.
- Invista sua energia na cura, no seu crescimento, em fazer novas relações e na vida.
- Aprender a desapegar-se talvez seja uma das maiores lições da vida.

As camadas que coloquei
sobre a dor da sua partida
eram finas.
Ando suavemente pela vida,
acrescentando novas camadas
a cada dia.
Mas pensar ou lembrar de você
faz rachar a superfície.
Telefonar para você
faz quebrar tudo.
E passo a noite com um sentimento de morte,
vendo surgir a primeira camada de vida
junto com o nascer do sol.

31

Faça um pacto com um amigo ou amiga

- Se a necessidade de falar com o "amor perdido" for muito forte, faça um pacto com alguém de quem você gosta e em quem confie.
- Não um pacto irracional como, por exemplo: "Nunca mais quero ver esse homem (ou essa mulher) na minha vida!"
- Um pacto mais sensato é: "Antes de falar com ele (ou com ela), ligo para você."
- Às vezes, o apoio de alguém pode ajudar a superar essas "fases irresistíveis" e evitar que você faça algo de que depois certamente vai se arrepender.

Me perguntaram se encontrar
você era ruim.
Encontrar você não é ruim.
É pior.

32
Lembranças

- Se tiver fotos e lembranças que ajudem na cura, use-as.
- Se tiver lembranças que ligam você a um passado morto, livre-se delas – jogue-as no lixo, venda-as, dê um fim nelas.
- Não deixe que uma "coisa" seja mais importante do que a sua cura – ou do que você.

Cerimoniosamente, joguei fora
todos os objetos
ligados a você.
Achei que eram coisas infectadas.
Não adiantou.
(Sou eu que estou infectado!)

33

É natural sentir culpa

- Quando você se sente culpado, fica com raiva de si mesmo. Não agiu, não pensou ou não fez como "devia", e fica danado com isso.
- É natural sentir culpa, mas até certo ponto.
- Da mesma forma que não faz mal sentir raiva, mas faz mal bater em alguém, não faz mal sentir culpa, mas não a ponto de ficar doente ou paralisado.
- Algum arrependimento é natural, mas castigar-se de forma exagerada é certamente prejudicial.
- O remédio para a culpa é perdoar-se.
- Você pode estar se prejudicando muito mais do que o mal causado pela perda.
- Não faça isso.
- Trate-se com amor, respeito, carinho. E perdoe-se.

Como eu o amo e o odeio.
Como estou ligado a você.
Tão ligado que não consigo me desligar.
Quero me livrar!
Quero poder aproveitar a vida outra vez
e conseguir dormir como antes.

34

É natural ficar deprimido

- Não vale a pena fingir que você está mais animado, alegre ou feliz do que realmente está. Para fingir você usa uma energia que seria mais bem empregada para se curar.
- Não faz mal ficar de "farol baixo" por algum tempo.
- Chorar tem suas vantagens. É como se você lavasse, destilasse a dor.

Para aqueles
que algum dia
me desejaram mal:
esta noite
seu desejo
foi realizado.

35

É natural sentir medo

- O medo é uma conseqüência natural da perda e faz parte do processo de cura.
- Há muitas coisas a temer quando se sofre uma perda:

– medo de ficar só
– medo de ser abandonado ou rejeitado
– medo de nunca mais amar
– medo de nunca mais ser amado
– medo da dor, desolação e sofrimento que ainda podem vir

- O medo atual não é aquela coisa horrível que sentíamos na infância. Medo é, na verdade, uma energia extra para enfrentar o desafio da cura e do crescimento que nos esperam.
- Você *vai* conseguir enfrentar os desafios.
- Quando o medo é usado como energia, pode ajudar a enfrentar esses desafios.
- Não lute contra o medo – use-o. O medo é um aliado, não um inimigo. (Leia mais sobre o medo como aliado na página 126.)

À medida
que a luz da sua lembrança
vai sumindo,
meus dias ficam mais escuros.

Lâmpadas elétricas iluminam minhas
noites. Não consigo dormir.
Tenho medo do escuro.
Medo de que você volte e suma outra vez.
Medo de que nunca mais volte.
Temo que meu próximo pensamento
seja sobre você.
Temo fugir
dos poemas antes de fugir da dor.

36

É natural sentir raiva

- Todo mundo fica com raiva quando perde um amor. Todo mundo.
- Não faz mal sentir raiva.
- Não faz mal sentir raiva:
  - da pessoa que partiu (mesmo que tenha sido por morte)
  - da pessoa que levou alguma coisa ou alguém
  - das convenções ou costumes que contribuíram para a sua perda
  - do destino
- Faz mal:
  - ficar com raiva de si mesmo
  - usar a raiva de forma destrutiva
- Solte a raiva (com cuidado, por favor!):
  - dê socos num travesseiro ou numa almofada
  - bata com os pés no colchão
  - grite, berre (num lugar deserto, de preferência)
  - jogue vôlei, tênis, frescobol, futebol
  - dê socos num saco de treinar boxe
  - toque um instrumento bem alto
- Se você direcionar a raiva para um objeto e diminuí-la dessa forma inofensiva (e que realmente ajuda), você evita discussões insensatas, acidentes e doença.
- Sua raiva vai passar à medida que sua dor for se curando.

Estou pra lá de doido.
Estou a ponto de fazer um escândalo.
Os vizinhos devem pensar
que estou louco.
Pela primeira vez na vida,
os vizinhos estão certos.

37

Preveja um final feliz

- Tudo aquilo em que você presta atenção – enfoca – torna-se mais importante.
- Pois enfoque num final positivo. Espere por ele. Antecipe-o. Planeje-o.
- Ele *vai* acontecer.
- Sinta tristeza, medo e dor quando vierem, mas não deixe que esses sentimentos permaneçam. Aceite-os, mas não os convide para vir (exceto na fase de luto).
- O sofrimento é uma visita que se pode receber, desde que não se hospede em nossa casa por muito tempo.

Como será?
Como será quando eu
encontrar alguém
para compartilhar
uma boa parte da vida?
Tem que acontecer.
Quer dizer, estou me
preparando há tanto tempo...
Vai acontecer.
Vai mesmo.
Não vou pensar em "se",
mas em como, quando, onde e quem.

38

É bom fazer um check-up completo

- Você deveria fazer um check-up completo (exame clínico, exame de sangue, urina, etc.). Talvez já devesse ter feito há tempos.
- Há doenças que são provocadas por uma perda, e há doenças que dão a *sensação* de estar vivendo uma perda, embora sua causa seja física.
- Agora é um bom momento para ver como seu corpo está funcionando.
- Seu clínico geral vai lhe mostrar a importância de um check-up e vai determinar os exames que devem ser feitos.
- Se você tem medo de descobrir alguma doença nos exames, lembre-se de que é melhor (e mais eficiente) saber do que temer.

Será que
romantismo
é doença
que pode
ser curada?

39

Procure ajuda profissional

• Muita gente tem por profissão ajudar a curar ou melhorar os outros.

• Esses profissionais são, por ordem alfabética (para não parecer uma ordem de importância!):

– assistentes sociais
– conselheiros espirituais
– conselheiros matrimoniais, de família e de filhos
– conselheiros para viciados em drogas ou álcool
– massagistas e pessoas que usam as mãos para fazer relaxamento ou aliviar dores no corpo
– médicos
– médicos homeopatas
– nutricionistas
– psicólogos clínicos
– psiquiatras

• Não hesite em pedir ajuda a um desses especialistas. Verifique se é uma pessoa competente. Veja o resultado. Se não adiantar, procure outro. Se ajudar, prossiga no tratamento.

Eu só preciso
de alguém
com quem
possa falar
de você,
mas você
é a única pessoa
com quem
consigo
falar de verdade.
Que cilada!

40

Quando procurar aconselhamento ou terapia

- A maioria das perdas, crises emocionais e dificuldades da vida não exige psicoterapia.
- Mesmo assim, a ajuda profissional pode ser necessária ou útil nos seguintes casos:
  - se você teme prejudicar alguém ou a si mesmo, tendo inclusive idéias suicidas
  - se você busca ajuda no álcool, nas drogas, em outras atividades potencialmente prejudiciais, ou comendo demais
  - se o apoio dos amigos e familiares não basta
  - se você vive repetidamente situações de perda
  - se você não está bem consigo mesmo, se está sempre descontrolado ou tenso
  - se já esgotou os recursos e sente que atingiu um limite
- A maior parte das pessoas gasta mais tempo escolhendo um carro do que um terapeuta. Como em qualquer "aquisição importante", pesquise antes, peça indicações a pessoas em quem você confia.
- Quando for ao primeiro encontro, faça todas as perguntas que desejar. Em que consiste o tratamento? Quanto custa? Quanto tempo dura, em média?
- Sobretudo é fundamental que você goste do terapeuta, se sinta à vontade com ele, entenda o que ele diz, se sinta livre para contar tudo sobre sua vida e seus sentimentos, mesmo aqueles que você censura. Não se conforme em ficar com um profissional com quem você não simpatize.
- Se o terapeuta é bom, pode haver melhora logo nas primeiras sessões.

Assim que percebi
que tenho tendência
a me viciar, larguei
as drogas ilícitas
e decidi nem
começar com as
drogas legais, como
álcool, fumo ou
televisão.
Mas que bobo eu sou,
não desisti da
maior causa
de dependência:
o amor.
Agora não adianta mais.
Estou ligado para sempre.
Quero tomar na veia.
Sou viciado em carinho.
Sou viciado em amor.

41

Alguns tipos de depressão exigem remédio

Se os seus sintomas de depressão (página 17) são graves ou duram mais que o normal, é muito importante consultar um psiquiatra, discutir sua situação e avaliar o que deve ser feito – o que inclui a possibilidade de tomar remédios.

- Muitas pessoas com sintomas de depressão grave não procuram tratamento psiquiátrico por temerem o estigma de "doentes mentais".
- É uma pena que isso aconteça porque a depressão crônica é um distúrbio que pode ser tratado – como o diabetes ou a pressão alta.
- A depressão grave é causada por um desequilíbrio químico no cérebro. Os antidepressivos, na dosagem indicada pelo psiquiatra (ou outro médico qualificado para tratar de depressão), são eficazes e não causam dependência.
- Se você está em dúvida sobre a necessidade de tomar antidepressivos, consulte um bom psiquiatra para avaliar.

Não, eu sou durão.
Não, eu sou auto-suficiente.
Não sou louco para estar procurando psiquiatra.

Mas me bate uma tal tristeza.
Sinto um tal desânimo.
Sair da cama é sempre um ato de heroísmo.
A vida parece um longo túnel escuro e sem saída.

Mas deixa estar. Eu posso me virar sozinho.

42
Alimentação

- Em qualquer época da vida, é importante fornecer ao corpo o necessário para seu bom funcionamento (e evitar o que atrapalha). Numa época de perda isso se torna mais importante.
- Beba muita água – oito a dez copos por dia.
- Coma mais frutas e legumes frescos, crus ou levemente cozidos no vapor.
- Os carboidratos (grãos, batatas, macarrão – sim, macarrão!) são excelentes fontes de nutrição.
- Reduza e mesmo evite a cafeína, a nicotina, as bebidas alcoólicas e os ciclamatos.
- Cuidado com as comidas enlatadas, os sanduíches de lanchonete e o excesso de doces!
- Tome bons suplementos de vitaminas e sais minerais. Após uma perda, a vitamina C é muito indicada, além das vitaminas B, cálcio e potássio.
- Altere sua alimentação aos poucos. Não embarque nas dietas da moda. Troque alguns alimentos, veja como se sente e mude mais um pouco.
- Preste atenção ao seu corpo: ele diz o que precisa.

O jardim ama a chuva;
sim, isso é amor.
Mas o amor que eu quero para você
– o amor que desejo lhe dar –
é o amor que a chuva dá
ao jardim.
Amar é dar liberdade.

43

Lembre-se: você está vulnerável

- Lembre-se de que nas fases de estresse e recuperação você fica mais vulnerável.
- Mantenha sua saúde física:

– descanse

– não cometa excessos

– coma adequadamente

– faça exercícios simples

– dirija com mais cuidado.

- Mantenha sua saúde mental e psicológica:

– trate-se com carinho

– fique longe de coisas, situações e pessoas que possam lhe fazer mal

– vá com calma

– não tente entender, compreender ou imaginar nada

– não aceite encargos que não são seus. (Como diz o Talmude, "O sol se põe sem a sua ajuda".)

- Evite situações em que você possa ser pressionado para fazer alguma coisa, como compras supérfluas. Sua resistência pode estar baixa. Lembre-se disso.
- Aceite ajuda de pessoas confiáveis e capazes de fazer o que você necessita.
- Não é preciso superproteger-se. Basta saber que grande parte de sua energia está sendo usada na cura e que os mecanismos naturais de defesa do corpo podem estar enfraquecidos.

Houve um tempo,
faz muito tempo,
em que eu
era inocente.
Não sabia
o que era o amor.
Dor a gente sentia
quando caía de uma árvore.

44

Cuidado com a recaída

- A natureza detesta o vazio. Para tentar preencher esse vazio, você pode se envolver prematuramente num novo romance.
- Se a cura não está completa, um novo romance pode significar nova perda; um segundo romance, mais uma perda, e assim por diante, até sua vida afetiva ficar no mesmo bate-volta de uma bola de pingue-pongue.
- "Apaixonar-se loucamente" logo após um rompimento traumático pode parecer ótimo à primeira vista: suas maiores esperanças e mais desvairadas fantasias se realizaram! Mas depois a ficha cai. Você percebe que o novo amor não é tão sedutor, inteligente, educado, compreensivo, sofisticado, o ideal dos seus sonhos que você achou no começo. É só uma pessoa, igual a todas as outras.
- Se quer se apaixonar por alguém, que tal por você mesmo?

É sempre
você, você, você.
Mas, na verdade,
sou eu.
Vou tentar de novo,
e ganhar de novo
e morrer de novo
e ser lançado no escuro.
Renascer através de
um olhar ou um toque.
E esperar, de novo,
que desta vez dure,
mas sabendo muito bem
que não será a última.

45

Cuidado com os vícios

- Cuidado com qualquer coisa na qual você possa se viciar. A sociedade nos oferece uma série de mecanismos de escape. Mas no processo de cura é importante sentir a dor e não fugir dela. Isso já foi dito muitas vezes, mas nunca é demais repetir.
- O álcool pode anestesiar a dor por algumas horas, mas no final aumentará a depressão.
- As drogas (maconha, excitantes, calmantes, todas as drogas leves) interferem no processo de cura natural e devem ser evitadas. As "euforias" fugazes são o caminho certo para uma depressão maior.
- Cuidado, viciados em calorias! Nesse período de recuperação, você pode buscar compensação na comida, ganhando peso e centímetros indesejados na cintura, o que vai diminuir sua auto-estima e aumentar sua depressão. Vá correndo procurar um nutricionista ou o seu médico.
- Está fumando cada vez mais e achando cada vez menos graça nos cigarros?

Fiz isso de novo comigo.
Não existe ninguém
mais capaz de me magoar
tão profundamente quanto eu mesmo.
É a "necessidade".
A "necessidade" de amor.
Preciso do amor porque
não estou feliz comigo,
sinto que não me basto.
Para dar fim a esse sofrimento
preciso atingir um nível
de contentamento
comigo mesmo.
Isso vai exigir
um certo esforço.

46

Paparique-se

- Se você quebrou a perna e está no hospital, os amigos levam flores, parentes trazem frutas, você fica na cama o dia inteiro lendo e assistindo à tevê, as enfermeiras fazem massagem nas suas costas e o médico de vez em quando aparece e acena, caloroso.
- Em resumo, você está sendo paparicado.
- Se está com o coração partido, os amigos esperam que você continue o velho amigão de sempre, os parentes esperam que você cumpra todas as suas obrigações e os colegas de trabalho esperam que você continue produzindo do mesmo jeito, com a eficiência de sempre.
- Em resumo, você tem de lidar com um mundo que não aceita o fato de que a dor emocional não só dói, mas enfraquece.
- Solução? Paparique-se.
- Além das sugestões da página ao lado, faça por você tudo o que seus pais faziam para consolá-lo quando criança.

• Sugestões para paparicar-se:

– Tome um banho quente, de preferência com sais perfumados (meia hora depois, você estará se sentindo melhor).
– Peça para alguém lhe fazer uma massagem (firme e vigorosa, ou lenta e sensual). Ou massageie-se você mesmo.
– Tome uma xícara de leite quente com biscoitos antes de dormir.
– Compre alguma coisa que lhe dê muito prazer.
– Ofereça-se três bolas de seus sorvetes preferidos com calda de chocolate quente.
– Faça as mãos, os pés, o cabelo e todos os tratamentos que desejar.
– Viaje.
– Aqueça-se ao sol sem esquecer o filtro solar.
– Leia um bom livro.
– Assista a um bom filme em casa ou no cinema.
– Convide um amigo interessante para bater papo num bar.
– Passeie na natureza.
– Vá a um bom restaurante.
– Assista a um bom show, uma boa peça, um belo concerto.
– Visite um museu.
– Compre flores e enfeite seu quarto.
– Obedeça aos seus caprichos.
– Usufrua!

47

Seu sono pode sofrer alterações

- Durante o processo de cura, são comuns as alterações no sono – na duração ou na hora em que você adormece.
- Se você tem dificuldade para pegar no sono, se acorda várias vezes durante a noite ou se acorda cedo demais, isso se chama insônia.
- A insônia não merece preocupação. Na verdade, preocupar-se com a falta de sono pode fazer com que se perca o sono. Nem todas as pessoas "precisam" de oito horas de sono por noite; por isso, se você passar um período dormindo menos, não faz mal.
- Experimente tomar um copo de leite desnatado morno antes de ir para a cama. Leia, ouça música suave ou uma fita de meditação. Se não conseguir dormir depois de uma hora, levante-se e ocupe-se um pouco com alguma coisa. Isso faz com que você pare de se preocupar com o sono.
- Se acordar durante a noite, leia ou ouça algo calmante e inspirador. Ou tente meditar, ou rezar. Aproveite o silêncio da noite para pensar nas coisas boas da sua vida. Elas existem, mesmo num período de perda.
- Não é recomendável tomar comprimidos para dormir vendidos sem receita médica.
- Se a insônia está incomodando você, consulte um médico.
- Por outro lado, você pode achar que está "dormindo demais". Mas, após sofrer uma perda, não existe "dormir demais". Durma até acordar. Tire um cochilo quando quiser. Isso faz parte do seu processo de cura.

Um dia vou
classificar o círculo vicioso
de sofrimento
em que me coloco sempre
que fico preso a alguém.
Vou ter muito tempo
para fazer isso.
A insônia está começando.

com você vem o sofrimento que me faz ter vontade de ficar só. sem você, vem a solidão que me faz ter vontade de ficar com você.

48

O desejo sexual pode sofrer alteração

- Depois de sofrer uma perda, é comum a pessoa sentir uma diminuição – ou ausência completa – do desejo sexual. Não se preocupe. É porque o corpo automaticamente canaliza toda a energia disponível para a cura.
- Depois de uma perda, é comum também a dificuldade – ou incapacidade – de ter relações sexuais. Embora seja frustrante – e, às vezes, embaraçoso –, isso também é natural. Não exija nada de si mesmo, pois você já está suficientemente pressionado. Não tem problema tirar férias de sexo por um tempo.
- O desejo e o desempenho sexual voltarão naturalmente quando o corpo tiver se curado.

Para onde foi meu desejo?
Para onde foram meu ímpeto e meu prazer?
O que aconteceu com meu corpo que antes vibrava
e que agora parece anestesiado?

49

Continuar mal não é prova de amor

- Continuar mal por um longo período não prova que você "realmente amava" a pessoa que perdeu.
- Claro que você amava – senão, em primeiro lugar, não teria sentido a perda.
- O fato de se recuperar rapidamente prova que você conseguiu canalizar suas energias para a cura. Não prova que seu amor era pouco.
- Você não tem obrigação de sofrer durante muito tempo.
- Curar-se é prova de seu poder de recuperação e não uma condenação da sua falta de amor.

A falta que sinto de você
é muito melhor
do que todo o amor que tive por você.

50

Cerque-se de Bem e de Luz

- Sempre que sofrer com a perda, peça para cercar-se de todo o Bem e toda a Luz que possa imaginar.
- O "Bem" é algo tão óbvio que fica difícil definir. Cada um de nós sabe o que considera o melhor, o superior, o mais sublime. Para muitos, Deus é o sinônimo de Bem.
- A Luz é um conceito presente em quase todas as crenças religiosas e práticas espirituais. Da luz da natureza à luz do Espírito Santo, da luz do sol à luz do Filho de Deus. Não importa. Bem e Luz são valores especiais para qualquer ser humano.
- Invoque então esse Bem e essa Luz sem pedir nada específico. Peça apenas que tudo o que lhe acontecer seja para o seu maior bem e de todos os envolvidos. Visualize o Bem e a Luz, respire fundo e deixe que penetrem em todas as células do seu corpo. Leve-os para todas as partes do seu ser (física, mental ou psicológica) que estejam necessitando de cura.
- Não precisa levar muito tempo pedindo que o Bem e a Luz invadam seu ser como proteção e cura. Bastam alguns segundos, o mesmo tempo que você levou para ler esta frase.
- Demora tão pouco e os ganhos são tão grandes, que achamos ser um bom investimento para sua cura e crescimento.

A vida não é
uma luta.
É um jogo de cintura.

51

Reze, medite, contemple

- Sejam quais forem os tipos de reza, meditação e contemplação que você conheça (ou que gostaria de conhecer melhor), este é um bom momento para usá-los.
- Se a dor ressurgir enquanto você está rezando, meditando ou contemplando, não faz mal. Uma dor que surge num momento assim é extremamente curativa.
- Ao rezar, sugerimos que peça primeiro força para suportar, poder para a cura e sabedoria para aprender.

Senti sua falta ontem à noite.
Senti sua falta hoje de manhã.
Meditei.
Não sinto mais sua falta.
Eu te amo.

52

Escreva um diário

- Escrever um diário pode lhe ajudar.
- Colocar no papel pensamentos e emoções é uma boa forma de pôr os sentimentos para fora, de organizá-los.
- Não se obrigue a "escrever todos os dias". Escreva quando tiver vontade – quando não tiver, esqueça.
- (Os três autores deste livro tentaram algumas vezes fazer um diário. Só um deles – o compulsivo – conseguiu escrever por mais de um mês.)

Escrevo até
começar a chorar,
por isso este mês
poucos poemas
estão completos.
Acontece que eu...

53

A tristeza tem algo de belo

- A tristeza tem algo de belo (estamos falando da verdadeira tristeza e não em se sentir um "coitadinho").
- Se você está sentindo um certo prazer, se está encontrando alguma beleza no seu sofrimento, fique sabendo que isso é natural.

Você deixou
suas marcas
pela casa toda:
um poema rabiscado
na margem de um livro,
uma dobra no canto de uma página
de outro livro,
seu cheiro no lençol.
Onde está você agora?
Em que casa está
deixando suas marcas?
Será que está
descobrindo as marcas
que deixei na sua alma?

54

Cure-se completamente

- Deixe que o processo de cura se complete.
- É muito importante ter um período de convalescença.
- Passe algum tempo sem se envolver em grandes paixões nem em projetos que exijam muita dedicação e energia.
- Siga apenas sua rotina diária – e vá se curando.
- Se não deixar que a cura se complete, você pode ficar com a sensibilidade à flor da pele ou retrair-se a cada novo encontro.
- Deixe-se curar.

Nunca mais vai ser igual.
Nunca mais vai ser igual.
Você surgiu.
Nós nos amamos.
Você partiu.
Não vai ser igual mas vou sobreviver.
Um dia vou sentir
que estou plenamente vivo outra vez.
Em outro dia o caminho de alguém
durante algum tempo
correrá paralelo ao meu.
Em outro dia ainda
você vai voltar
e eu vou me dar conta
de que nunca mais vai ser igual.

55

Faça afirmações

- Afirmar significa "ser firme". Seja firme no amor, na cura e nos pensamentos positivos sobre você mesmo e sobre a vida.
- Uma afirmação geralmente começa com "Eu sou..." e deve ser feita no tempo presente. Diga o que quer como se já tivesse conseguido. "*Eu sou* saudável, forte e feliz" e não "*Eu quero ser* saudável, forte e feliz".
- Diga alto, várias vezes, essas ou outras frases que inventar:

– "Estou vivo. Vou sobreviver."
– "Estou me curando naturalmente."
– "Meu processo de cura está terminando."
– "Estou ficando completamente bom."
– "Eu me sinto saudável física e emocionalmente."
– "Eu me cuido com carinho."
– "Meu coração está em paz."
– "Estou mais forte."
– "Tenho coragem de crescer."
– "Agradeço por tudo."
– "Tenho paciência com meu processo de cura."
– "Minha paciência é maior do que a minha dor."

Sou a melhor
coisa que eu poderia
fazer por mim.

56

Visualização

- Visualizar é imaginar o resultado de alguma coisa – como o futuro vai ser.
- Todos nós fazemos isso freqüentemente – visualizamos. Pensamos no futuro e o visualizamos de uma forma positiva ou negativa. O problema acontece quando visualizamos negativamente – imaginando um futuro de carência, solidão ou desespero.
- Pare um instante e visualize um resultado positivo. Imagine-se curado, feliz, próspero, amando e sendo amado.
- Quanto mais órgãos dos sentidos você usar, melhor: veja, sinta, ouça, prove e cheire o seu futuro feliz e cheio de alegria.
- Vá aos poucos – primeiro, faça isso por mais ou menos um minuto. Visualize a cada dia por mais tempo, imaginando seu futuro de uma forma positiva.
- Em pouco tempo, seu presente será o futuro positivo que você visualiza agora. Talvez o futuro seja algo ainda melhor, para o seu maior bem e o bem de todos.

Quando estamos juntos,
somos um só.
Quando estamos distantes,
cada um é inteiro.
Que seja este o nosso sonho.
Que seja esta a nossa meta.

57

Use as cores para animar-se

- Você decerto já percebeu que certas cores causam determinados efeitos. Temos sensações diferentes andando num quarto cinzento e mal iluminado ou num quarto amarelo e ensolarado.
- Use o mais possível cores "para cima": amarelo, laranja, vermelho e tons pastel.
- E cerque-se de verde – nas roupas, na comida, nos móveis ou em plantas. O verde é calmante e ajuda na cura e no crescimento.
- E mantenha distância do preto – você está superando o período de luto.

Colorido.
Cor. Cura.

58

Ria!

- O riso é uma das atividades mais saudáveis que existem.
- Use e abuse de tudo o que fizer você rir.
- Veja uma comédia, leia um livro de humor, converse com gente engraçada. Peça aos amigos para contarem piadas e histórias divertidas que ouviram ou viveram.
- E se puder, consiga achar graça da sua perda.
- A distância entre tragédia e comédia é bem pequena. Encontrar alguma coisa engraçada na sua perda, na sua reação, e até nas suas lembranças, pode ajudar na cura.
- Achar graça na perda não significa ser ingrato com a pessoa que você amou.
- Na verdade, o humor pode até valorizar a relação que existiu.

Por que eu
sempre caio na
lengalenga
dos narcisistas?

59

A cura continua...

- À medida que você melhora:
- – seu raciocínio fica mais lúcido
- – você se torna capaz de tomar decisões com mais segurança e firmeza
- – sua concentração e sua memória aumentam
- – você tem mais vontade de ficar na companhia de outras pessoas
- – você se dispõe a fazer mais pelos outros
- – vai ficando mais alegre e otimista
- Você vai se sentir mais forte, mais feliz e independente.
- Vai querer sair dessa, ir em frente e experimentar coisas novas.

Mais uma manhã
de uma nova vida
sem você.
E daí?
Outros virão.
Melhores. Mais meus.
E, até lá,
fico comigo.
E, como tratei
bem de você,
gosto mais de mim.
E também sei que depois da noite vem sempre o sol.

Crescendo

No meio de
tantas lágrimas,
tanta tristeza e
dor,
vem um pensamento
que me faz sorrir de novo:
eu amei.

60

Você agora está mais forte

- Você passou por uma perda, enfrentou-a (pelo menos algumas vezes) com coragem e sobreviveu.
- Você aprendeu que:

– é capaz de sobreviver
– a dor diminui com o tempo
– muita coisa que você temia *não* aconteceu
– é possível se curar

- Mas não se contente em apenas sobreviver e se curar. Use essa experiência como um trampolim para crescer.

O último dia em que te amei
parece tão próximo.
Pego uma caneta para
escrever o último poema
só para ti.
Minha dor acaba,
como acabou o outono.
O inverno está tão frio,
perfeito para alguém se aconchegar.
A última folha da árvore
caiu hoje.
À noite cai a primeira neve.

61

Desapegue-se da perda e vá em frente

- A certa altura (essa altura depende da qualidade da perda e das características de cada pessoa), é preciso deixar a perda para trás e seguir em frente.
- Não se surpreenda se você sentir falta da tristeza. Há pessoas que ficam tristes por não estarem mais tristes.
- Desapegue-se do passado. Olhe em frente, para o futuro.
- Claro que, de vez em quando, você vai olhar para trás, mas procure concentrar-se no futuro e em seguir em frente.
- Entregue-se confiante e usufrua a excitação contida no desconhecido.

Vou sentir falta de te amar.
Vou sentir falta
do aconchego
do teu abraço.
Vou sentir falta da
solidão
ao esperar teus
telefonemas que nunca vinham.
Vou sentir falta da
alegria das tuas chegadas
e da dor das tuas partidas.
E, daqui a algum tempo,
vou sentir falta
de sentir falta
de te amar.

62

Perdoar é esquecer

- Perdoar não é apenas desculpar, é desapegar-se.
- Jesus Cristo, o maior mestre do perdão na História, disse, na cruz: "Perdoai-os, Pai, porque eles não sabem o que fazem." Para referir-se ao perdão, Cristo usou a palavra aramaica *shaw*, que significa "desatar um nó".
- Se existe uma pedra amarrada aos seus pés, prendendo você no fundo do rio, *perdoe-a* (desate-a) e nade em direção à luz.
- Ao perdoar o passado, você se solta dele e fica livre.
- Perdoar é um gesto de generosidade, de doação. Com o outro e com você mesmo.
- Quando você permite que uma pessoa siga o seu próprio caminho, você se liberta para fazer o mesmo.
- Para se conceder essa dádiva da liberdade, basta perdoar.

Esquecer é difícil.
Lembrar é pior.

63

Perdoe a outra pessoa

- Sempre que puder, assim que puder, perdoe a outra pessoa.
- Você não faz isso por ela, mas por você mesmo – para sua paz de espírito e para abrir-se a novos relacionamentos.
- Eis uma técnica simples, mas eficiente, de perdoar. (Antes de colocá-la em prática, é bom cercar-se de Bem e de Luz.)
- Primeiro, diga: "Eu perdôo___________" (a pessoa ou o fato que causou a perda) "por ter___________" (o que fizeram para causar a perda).

  Esta é a primeira parte do perdão.
- Depois, diga: "Eu perdôo a mim mesmo por julgar___________" (mesma pessoa, ou mesmo fato) "por___________" (mesma causa da perda).
- A segunda parte do perdão (perdoar a si mesmo por julgar outra pessoa) é importante, mas costuma não ser valorizada. No entanto, é o **julgamento** que você faz da ação de alguém que provoca o seu sofrimento. Quando você perdoa a ação do outro, deve também *se* perdoar pelo **seu julgamento**.
- Você talvez precise repetir várias vezes a frase para desatar as muitas causas e condenações – mas continue. Você pode e vai se livrar.

O amor que te dou
é de segunda mão.
Eu o senti primeiro.

64

Perdoe-se

- Sempre que puder, assim que puder, perdoe-se.
- Sejam quais forem o erro, a fraqueza, o problema que você *acha* que teve ou cometeu para causar a perda, perdoe-se.
- O processo é o mesmo usado para perdoar o outro. Cerque-se de Bem e de Luz e diga: "Eu me perdôo por____________" (o motivo). Depois, acrescente: "Eu me perdôo por me culpar por ____________" (o mesmo motivo).
- Como sempre, a parte mais importante é se perdoar por ter se culpado pelo que fez (ou imaginou que fez). Quem (afora os pais, professores, a sociedade e quase todo mundo) disse que você tinha de ser perfeito?
- Não somos perfeitos, somos humanos.
- Perdoe-se por querer a perfeição, perdoe-se por condenar a sua "condição humana", aceite-se e ame-se com suas imperfeições, e siga em frente.

Num momento difícil, falei:
"Prefiro me arrepender
por você ir embora
do que me arrepender
por você ficar."
Um dia vou aprender a calar a boca.

65

Faça um balanço do bem que conquistou

- Agora que a dor diminuiu, você pode compreender melhor.
- Pode começar a ver a mudança e a separação como parte natural, inevitável e necessária da vida.
- O relacionamento que você tinha lhe trouxe muitas coisas boas (por isso você sentiu tanta falta quando o perdeu). Grande parte desse bem continua com você. Agora é hora de fazer um balanço:

– Essa pessoa despertou em você o gosto pela leitura.
– Levou você a interessar-se por natação.
– Fez você apreciar a natureza.
– Aquele emprego lhe ensinou muita coisa sobre computadores.

- Acrescente todas as coisas boas que o relacionamento ou a experiência lhe trouxe.
- Você é uma pessoa melhor por ter amado.

Remexendo nas cinzas
do nosso relacionamento,
descubro muitas coisas
para agradecer.
Agradeço pelo aconchego da cama,
pelos sucos energéticos
que você preparou,
por todo o amor que me deu.
Agradeço por
sua generosa disponibilidade
e por tudo o que compartilhou.
Agradeço pelos inúmeros
poemas que você me inspirou
e pelas muitas mudanças
que causou em mim.
Mas não encontro palavras
em nenhuma língua viva
para agradecer
por você ter me apresentado
a Mozart.

66

Você é uma pessoa melhor por ter amado

- Você cuidou.
- Você se envolveu.
- Você aprendeu a investir no outro.
- Você fez crescer o carinho e o amor mútuos.
- Mesmo que tenha perdido, você é uma pessoa melhor por ter amado.

Você foi o melhor dos amores,
você foi o pior dos amores...
E, sem querer, me deixou
dádivas preciosas:
graças a você, tomei consciência da
minha necessidade (ou desejo?) de
compartilhar a vida com alguém especial.
Você me levou a reavaliar (eu estava precisando, mas não sabia!)
meus padrões de comportamento, minha forma de me relacionar
e tantos outros aspectos meus.
Mudei de atitude e cresci.
Hoje, estou mais atenta para os outros.
Estou mais ligada aos meus próprios sentimentos,
às coisas e às pessoas – à vida.
E, claro, graças a você tenho
poemas dispersos (uns lindos, outros horríveis)
que não existiriam sem a nossa separação.
Por tudo isso, quero agradecer.

67

Orgulhe-se pela coragem de ter amado

- Você é uma pessoa mais rica, mais profunda, mais sábia por ter investido num relacionamento – apesar de ele ter acabado.
- Alegre-se e orgulhe-se pela coragem de ter tido esse relacionamento.
- Coragem é uma palavra derivada do latim *cor*, que significa "coração": você precisou de todo o seu coração para se dedicar, para tornar-se vulnerável, para amar. Orgulhe-se e celebre a beleza do seu coração.
- Permita-me citar uma frase muito batida, mas extremamente verdadeira: "Melhor ter amado e perdido do que jamais ter amado."
- Avalie agora as lições aprendidas com a perda e procure descobrir um possível bem que essa perda lhe trouxe.

O amor,
seja por quem ou pelo que for,
é sempre amor.
O objeto não muda a emoção.
Mas, muitas vezes,
a emoção muda o objeto.

68

Mudanças

- Começou um novo capítulo na sua vida.
- Acredite que você é capaz de realizar as mudanças que esse novo capítulo exige.
- Prepare-se para fazer alguns acertos.
- É um bom momento para começar a experimentar novos comportamentos, novas atividades, novas formas de cumprir as necessidades cotidianas que ainda não foram atendidas.
- Vai ser preciso coragem, mas é emocionante.
- Pode até ser divertido!

A carência que a perda
provocou
ainda existe.
Mas cada vez está
menos difícil supri-la.

69

Comece de novo

- Abra-se.
- Abra-se para novas pessoas, novos lugares, novas idéias, novas experiências.
- Está na hora de esquecer a frase "Nunca mais vou amar ninguém, o amor só traz dor". A frase e a atitude.
- Faça o melhor possível para:

– continuar confiante
– ter curiosidade por pessoas e coisas
– dispor-se a aprender

- Conheça lugares novos.
- Agora é hora de:

– redecorar seu apartamento (ou, pelo menos, dar uma arrumada geral nele)
– comprar (ou fazer) roupas novas
– aprender o que você sempre quis (cerâmica, teatro, computação...)

- Escolha (e persiga) novas metas.

A diferença entre
amor e amar
é a mesma que existe entre
peixe e pescar.

70

Inclua novas pessoas em sua vida

- Está na hora de fazer novos amigos, ter novos sócios, colegas novos.
- Compareça a reuniões, concertos, peças de teatro, festas – qualquer encontro de pessoas afins. (Não tem importância ir sozinho.)
- Encontre seus vizinhos.
- Descubra em você a coragem para se apresentar até a um estranho.
- Ao conhecer novas pessoas, pergunte coisas que exijam mais do que "sim" e "não" como resposta.
- Ao fazer perguntas, use mais "como" e "por que" do que "quem" e "o quê".
- Ofereça carona para alguém ou convide para um café.
- Tenha sempre consigo lápis e papel para trocar telefones. Ou use um cartão de visitas.

Eu não sou um
completo estranho.
Sou um
perfeito estranho.

71

Desenvolva novos interesses...

- Está na hora de desenvolver novos interesses.
- Sempre quis aprender a esquiar? E que tal ter aulas de italiano? Explore todas as possibilidades – seja na internet ou pessoalmente.
- Não está na hora de ter o laptop que você deseja há algum tempo?
- Ter aulas de dança? Aprimorar o seu estilo de redação? Que tal fazer um curso de encadernação de livros? Ou de culinária chinesa?
- E ler para cegos? Fazer recreação num hospital de crianças? Dar aula num asilo de velhos? Você não imagina a satisfação que tudo isso dá.
- Leia livros. Faça um curso. Dedique-se. Aprenda. Mas não deixe de fazer alguma coisa nova.

72

...Mas não esqueça os antigos interesses

- Lembre-se dos velhos interesses e das atividades que deixou de lado.
- Redescubra os que lhe davam prazer, animação, alegria, uma sensação de conquista.
- Ao escolher novos e velhos interesses, alterne atividades em grupo com outras que você prefere fazer sozinho.

73

Grupos

- Talvez você seja tímido ou tenha dificuldade em estabelecer novos contatos. Nesse caso, os grupos podem ser a solução.
- Há centenas de grupos dos quais você pode participar. Você pode entrar num grupo para aprender alguma coisa, para viajar, para desenvolver atividades filantrópicas ou espirituais, para dançar, para participar de qualquer interesse comum – as possibilidades são infinitas.
- Há muitos grupos apoiados por igrejas ou congregações religiosas dos quais é fácil participar.
- Procure. Informe-se. Tente. Não se acomode na solidão. O esforço inicial vai valer.

Um dia, vamos ser amantes.
Quem sabe a gente se casa?
No mínimo, vamos
ter um caso.
Como é seu nome?

74

Vamos melhorar?

- Pode estar na hora de mudar (uma coisa de cada vez, por favor) alguma coisa que você vem querendo:

– fazer um regime
– parar de fumar
– parar de beber
– começar uma ginástica

- Se estiver difícil, procure ajuda de um profissional ou busque um grupo de apoio. Seja paciente com você, mas crie uma meta realista e tente alcançá-la.
- Ao mesmo tempo, invista nas suas qualidades. Seja ainda mais:

– tolerante
– confiante / confiável
– prestativo
– generoso
– participante
– amoroso
– autêntico

A maturidade tem
algo de mágico.
Às vezes você concorda com isso;
às vezes, não.

75

Pense em "isso e aquilo" e não em "isso ou aquilo"

- A relação que você teve com a pessoa, situação ou coisa que perdeu foi ao mesmo tempo boa *e* ruim. A vida é assim.
- A vida não é boa *ou* ruim. A vida é boa *e* ruim.
- Se você não souber disso, estará sempre frustrado ou desesperado. A vida é a média dos dois extremos, do bom e do ruim.
- Depois de uma perda, as pessoas se sentem no lado sombrio da vida – o lado ruim – e ficam querendo que tudo volte a ser "perfeito", sem se lembrarem que, mesmo nas fases boas, havia momentos e situações sofridos.
- A vida nunca é perfeita. Ela sempre teve coisas perfeitas e imperfeitas. Sempre teve e sempre terá.
- Seja bem-vindo à vida.

Alegria perfeita e
tristeza perfeita.
Uma seguindo a outra,
seguindo a outra.
Os dois extremos da
vida emocional e
tudo o que existe
entre os dois.
Uma seguindo a outra,
seguindo a outra.
Para cima e para baixo,
suavemente, como
um barco oscilando no oceano.

76

Liberdade de escolher

- Usufrua a sua liberdade.
- Você agora detém as rédeas da sua vida.
- Use ao máximo sua capacidade de escolher

– onde
– o quê
– como
– quando
– por quê
– quem

- Você pode decidir (e decidir bem) o que é preciso para:

– colocar a casa em ordem
– desfazer-se de coisas velhas
– reformar as coisas estragadas
– refazer a agenda de endereços
– comprar roupas novas
– consultar e seguir seus desejos

- Você está pondo ordem no seu mundo. Pode escolher o mundo que quer ter à sua volta.

Não quero
construir minha vida
em torno de você.
Mas quero incluir
você na construção
da minha vida.

77

Pedir não tem problema

- Procure o apoio dos outros para conseguir o que você deseja.
- Mas não dependa da aprovação deles para realizar seus desejos.
- Se não concordarem com seu desejo, ou não quiserem ir com você para o Havaí, siga em frente sem eles.

Amar é um risco.
E se não der certo?
Ah,
mas e se der?

78

Não tem problema se os outros disserem não

- Discordar não significa estar contra você. Nada de pessoal.
- Quando as pessoas dizem "não" para *você*, estão apenas dizendo "sim" para alguma outra parte da vida *delas*. Você não tem nada com isso. Portanto, não deixe que um "não" soe como rejeição ou ofensa.
- Quando aprende a não se ofender quando os outros dizem "não", você ganha dois prêmios: 1) se aborrece menos e 2) consegue pedir mais a opinião dos outros. Porque, se não encara uma recusa como rejeição, não terá medo dela.
- A quanto mais pessoas você pedir, mais chances terá de conseguir o que deseja.
- Se um terço das pessoas a quem você pedir concordar, você está indo muito bem. Se apenas uma em cem disser "sim", ainda é melhor do que se você não tivesse perguntado.

Não sei perder.
Esta é uma parte do meu problema.
Também não sei ganhar.
Esta é a outra parte.

79

Não tem problema se os outros disserem sim

- Por estranho que pareça, tem gente com mais medo da aceitação do que da rejeição.
- Isso geralmente acontece quando a pessoa não se valoriza. Quando não nos valorizamos, achamos que não temos direito às coisas boas ou aos gestos generosos dos outros. "Este presente para mim? É demais!", "Você quer sair comigo? Não vai atrapalhar seu programa?"
- O segredo da auto-estima é fazer coisas boas *e lembrar que as fez.*
- Aprenda a aceitar e acolher os gestos generosos de afeto.
- Se as pessoas dizem "Você está ótima", "Gostei do seu trabalho", "Você me faz bem", não negue. Acredite e alegre-se.

Me ajude.
Me mostre que sou capaz de amar
sem medos, frustrações,
falsidades, incertezas.
Me mostre
o rosto de Deus.

80

O medo pode ser um aliado

- Quando você rotula uma emoção de "medo", tende a recuar da situação que a provoca (basicamente, toda situação nova).
- Se rotular essa mesma emoção de "animação" ou "aventura", terá energia para entrar nessa nova situação com vigor e entusiasmo renovados.
- No entanto, o medo pode ser uma energia positiva, porque nos faz avaliar os riscos para agir da melhor forma possível diante de uma nova situação.
- Não é preciso "livrar-se" do medo. Precisamos apenas desapegar-nos de todo medo que nos paralise e usá-lo como aliado ao explorar novas situações.

O mundo é bom.
Eu me sinto inteiro e impulsionado.
Venha experimentar essa alegria comigo.
Gosto de dividir
meu sorriso com outras bocas.

81

O remédio contra a ansiedade é agir

- Está preocupado com alguma coisa?
- Então faça algo.
- Tome uma *atitude concreta* para corrigir, resolver, comunicar ou aprender sobre o que o está preocupando.
- A atitude pode ser tão simples quanto dar um telefonema, escrever uma carta, enviar uma mensagem eletrônica, dar uma caminhada ou ler um livro.
- Você pode acabar concluindo que não havia motivo para preocupação. Mas se descobrir que existe *de fato* alguma razão para preocupar-se, use a preocupação como energia positiva que impulsione sua ação, tal como fez com o medo.

Você e eu
somos tão
bons amigos.
Depois de ficar
um pouquinho
com você,
não sei mais
o que é
tristeza.

82

Datas

- Você pode passar por miniperdas em datas de aniversário, festas especiais ou outras que lhe tragam lembranças.
- Saiba que tudo o que você aprendeu para sobreviver, se curar e crescer quando viveu a perda servirá para amenizar a dor causada por essas lembranças. E você vai se recuperar mais rapidamente da dor causada por elas.
- À medida que o tempo for passando, o sofrimento será menor nessas datas.
- De qualquer forma, proteja-se. Planeje para essas dias atividades bem divertidas, animadas e consoladoras. Atividades que reforcem em você a crença na força da vida.
- Com o tempo, você lembrará apenas do amor. Como uma coisa boa quando foi vivida.

Faz dois anos que nos
falamos pela última vez.
Você hoje dirige um coral
não sei bem onde.
As pausas entre suas frases
são mais longas,
mais sugestivas – pelo menos
é o que você gostaria que os outros
achassem. Mas elas continuam me
incomodando, como sempre.
"Sou alguém do seu passado!",
você fica repetindo, não querendo
aceitar o meu presente.
Perguntas respondidas com
perguntas. Afirmações cheias
de reticências.
A sua ambigüidade e a
minha ambivalência se
enfrentam de novo.
Pela última vez.

83

Estar só

- Você vai descobrir que é bom estar só outra vez.
- Pense em tudo o que você desejava fazer e não podia.
- Explore essas possibilidades. Usufrua.
- Sinta como é boa sua própria companhia.
- Quando se sentir solitário, procure seus amigos.
- Aqueles amigos com quem você não podia estar.
- Porque *estar* só é diferente de *sentir*-se só.
- Recupere sua espontaneidade e diga as coisas que eram censuradas.
- Você vai redescobrir que fazer coisas sozinho pode ser:

– divertido
– relaxante
– animado
– alegre
– criativo
– o contato com a pessoa mais importante da sua vida: você

- Gostar da própria companhia é condição essencial para se divertir com os outros.

A diferença entre
estar sozinho e
sentir-se solitário
é a que existe entre
gostar de si mesmo
e depender dos outros
para saber quem é.

Somos todos
ao mesmo tempo
sozinhos
e solitários.
Mas podemos sempre
investir na auto-estima.

84

O passado

- Não esqueça: o processo de cura continua sempre.
- As lembranças podem voltar num domingo de manhã ou quando o rádio tocar aquela "nossa música".
- Prepare-se para isso. Você nunca voltará ao estágio inicial do sofrimento, ainda que sinta uma inevitável tristeza. Mas acredite: o processo de cura pode ser lento, porém avança sempre, mesmo que às vezes pareça recuar.
- Não renegue nem afaste esse sentimento. Saiba que ele vai passar.

Sei que nunca mais
estaremos juntos.
Então por que
fico me lembrando
de você?
Por que faço planos
que incluem sua presença?
Por que me torturo
com um amor intenso
que nunca tive
enquanto você
estava comigo?

85

Criatividade

- Você vai estar outra vez em contato absoluto com sua energia criativa. Use-a da maneira que preferir, a que lhe dê mais prazer.
- O que você faz de criativo? Escreve? Canta? Dança? Interpreta? Faz tortas de morango divinas? Faz massagens relaxantes?
- Seja qual for a sua atividade criativa, use-a! E descubra outras.
- Por exemplo: pegue lápis e papel, ou sente-se na frente do computador, observe o que está sentindo, encontre uma palavra ou algumas palavras que transmitam esse sentimento e escreva. Sem censura, sem nenhum nível maior de exigência. Depois reveja seu texto, mude uma ou outra palavra, aprimore-o.
- São tantas e tantas as possibilidades!

Esqueça tudo o que
"eles" disseram
sobre redação
quando você estava na escola.

Se quiser escrever um poema, há duas regras básicas que vão ajudá-lo:
Regra 1: Poesia não precisa de rima.
Regra 2: Na verdade, poesia é expressar de forma sincera e clara um sentimento.

86

Divirta-se!

- Quando vier a alegria, deixe-a fluir. Quando se surpreender sentindo-se feliz, contente, satisfeito, usufrua desses sentimentos o mais que puder, o melhor que puder, pelo maior tempo possível. Eles anunciam que o processo de cura está se completando.
- Afaste qualquer culpa por sentir-se feliz depois de uma perda. Por seguir vivendo você não está sendo desleal com a pessoa que perdeu. Pelo contrário: foi tudo o que viveu com aquela pessoa – as boas e as más experiências – que fizeram você crescer e ser capaz de expressar alegria.

Este poema
é um beijo
no seu coração.

87
Deslumbramento

- À medida que você for melhorando, vai recuperando sua capacidade de admiração, de deslumbramento. Voltam o entusiasmo e o encantamento da infância, que você perdeu temporariamente.
- Usufrua deles.
- Pôr-do-sol, crianças rindo, árvores floridas, cheiro de terra molhada depois da chuva... O mundo e a vida nos oferecem a cada dia mil possibilidades para maravilhar-nos.
- Os Anos de Deslumbramento não devem acabar nunca.

O universo dança
ao som de músicas celestiais,
formas se soltam
de limites estreitos.
A beleza do mundo,
não conheço quadro igual.
Quero usufruir de cada detalhe
e um dia
conhecer o artista.

88

Faça algo pelos outros

- Se você começa a ter pena de si mesmo (não a ficar realmente triste, mas a se achar "coitadinho"), a melhor forma de cura é fazer alguma coisa por alguém.
  - Leve alguém de carro até o supermercado.
  - Ajude um amigo a fazer um trabalho difícil.
  - Ofereça-se como voluntário num serviço de atendimento por telefone a pessoas desesperadas ou em situação de emergência.
  - Visite alguém no hospital – qualquer pessoa.
  - Leve uma pessoa idosa para passear ou tomar chá.
  - Vá ao cinema com um amigo ou uma amiga que está sofrendo.
  - Leia para cegos.
  - Converse com os solitários.
  - Ouça aqueles que não recebem atenção de ninguém.
- Doar-se é o melhor presente que você pode *se* dar.
- Como diz o ditado: "Não retribua um favor, passe-o adiante." Está na hora de passar adiante todos os gestos generosos que você recebeu durante a perda.

Ao receber,
eu ganho.
Ao dar,
recebo.
Ao ser amado,
me sinto pleno.
Ao amar,
fico completo.
A maior dádiva é
preencher uma carência
despercebida.

89

A felicidade depende de você

- A felicidade depende da sua atitude em relação *ao que* acontece e não *do que* acontece.
- Pode parecer estranho, mas os problemas não obrigam você a ficar infeliz.
- Isso vai contra o nosso modelo cultural que afirma que temos de reagir negativamente a fatos "negativos".
- Mesmo assim, a felicidade sempre depende da *nossa escolha*. É uma verdade da vida.
- Pare de esperar que apareça o Príncipe Encantado, a Cinderela, mais dinheiro, o emprego certo, a saúde perfeita ou qualquer outra coisa extraordinária para você ser feliz.
- Pare de esperar.
- Escolha sentir-se feliz com o que está ao alcance de suas mãos.
- Seja feliz.
- Agora.

Eu mereço.
Mereço a vida que tenho e
todas as coisas boas que ela me oferece.
Mereço meus amigos
e a amizade deles.
Mereço os céus infinitos, o ondulado âmbar de
uma plantação de trigo e as majestosas montanhas
sobre os vales floridos.
(Mereço também os vales floridos.)
Mereço uma certa felicidade
que talvez fosse chamada de "pecaminosa"
em tempos menos iluminados.
Mereço a criatividade, a
sensibilidade e o reconhecimento.
Mereço a paz de espírito, a paz na Terra, a
paz do vale e um pouco de ação.
Mereço a presença de Deus em minha vida.
Mereço
o meu amor.

90

Curta seu crescimento

- Depois de ultrapassar uma crise, você vai descobrir:
  - que está mais forte
  - que mudou
  - que evoluiu
- Você está mudando e passando a ser:
  - uma pessoa mais feliz
  - uma pessoa mais alegre
  - uma pessoa independente

O mundo é
um espelho
refletindo o
bom e o ruim,
a alegria e a tristeza,
o riso e as lágrimas
que estão em mim.
Algumas pessoas são
espelhos difíceis de mirar,
mas você...
quando olho para você,
vejo toda a beleza
que há
dentro de mim.

91

Comemore!

- Faça uma festa para comemorar a sua cura.
- Convide todos aqueles que ajudaram na sua melhora e na sua cura. Peça que cada um traga um amigo (esse é um ótimo jeito de conhecer gente nova).
- Se você não curtir uma festa, encontre uma maneira de agradecer a ajuda e o apoio que recebeu dos outros. Mande cartões, flores, presentes ou o que achar melhor.
- Quando encontrar pessoas precisando de apoio, lembre como foi valiosa a ajuda que você recebeu.
- E, principalmente, dê um tapinha no seu ombro por ter conseguido curar-se.
- Você passou pela perda, sobreviveu, curou-se e cresceu.
- Agora é hora de comemorar.

PARABÉNS!

Conheça outros títulos da Editora Sextante

Osho
Faça o seu coração vibrar

Faça o seu coração vibrar é uma coletânea de pensamentos que nos incentiva a ver o mundo por um ângulo diferente, expandindo nossa visão sobre a vida. Cada texto oferece novos e surpreendentes sentidos para um dos temas que fazem parte do nosso dia-a-dia, como amor, relacionamentos, inteligência, poder, fé, trabalho e realização.

A sabedoria provocante de Osho, um dos mais polêmicos líderes espirituais do século XX, nos faz refletir sobre o peso que atribuímos à opinião dos outros e aos nossos próprios ideais, além de nos ajudar a centrar nossa atenção no momento presente e nas coisas que realmente valem a pena.

Iyanla Vanzant
Posso conseguir o que desejo

Iyanla Vanzant nos apresenta sensíveis e poderosas orações para as questões do dia-a-dia. Esse é o primeiro passo para nos libertarmos da forma errada com que nos acostumamos a rezar: com a mente, e não com o coração. A oração é uma comunhão com o divino, e quando mantemos viva essa comunhão coisas extraordinárias acontecem.

Orando, somos inundados pela essência de Deus, que nos abençoa com aquilo de que geralmente mais necessitamos: uma resposta para acalentar nossos sentimentos e ajudar em nosso crescimento interior.

Louise Hay

O poder das afirmações positivas

"Não deixe que os sentimentos de tristeza, raiva, medo e culpa dominem sua mente. Você pode deter-se neles e continuar sofrendo, ou pode desviar seu pensamento para aspectos agradáveis e prazerosos, afirmando com uma convicção cada vez mais forte as coisas boas que deseja atrair para a sua vida.

Este livro vai lhe mostrar que fazer afirmações é escolher conscientemente certos pensamentos que vão gerar resultados positivos no futuro. Posso lhe garantir que as afirmações vão mudar seu modo de pensar e podem produzir verdadeiros milagres em sua vida."

Louise Hay

Hugh Prather

Como ser feliz apesar de tudo

Será que é possível ser feliz apesar de tudo? Na verdade, esse é o único jeito. O mundo não é perfeito – e nunca será. Não existe a menor chance de acabarmos com todas as coisas que nos incomodam. Então, de que adianta reclamar de tudo?

Lançando mão de histórias reais e do conhecimento que adquiriu em 30 anos de trabalho de aconselhamento, Prather nos faz rever a maneira como encaramos a vida e nos dá ferramentas para romper com os padrões que nos impedem de aproveitar o aqui e agora.

#AAJ12268
mo sobreviver à perda de um amor

Informações sobre os próximos lançamentos

Para receber informações sobre os lançamentos da Editora Sextante, basta enviar um e-mail para atendimento@esextante.com.br ou cadastrar-se diretamente no site www.sextante.com.br

Para saber mais sobre nossos títulos e autores, e enviar seus comentários sobre este livro, visite o nosso site: www.sextante.com.br

Editora Sextante
Rua Voluntários da Pátria, 45 / 1.404 – Botafogo
Rio de Janeiro – RJ – 22270-000 – Brasil
Telefone (21) 2286-9944 – Fax (21) 2286-9244
E-mail: atendimento@esextante.com.br